Gbêdéali Ahossi

Relecture du rite de Sortie d'Enfant le "VIDETON" chez les Fon

Gbêdéali Ahossi

Relecture du rite de Sortie d'Enfant le "VIDETON" chez les Fon

à la lumière de l'Evangile

Éditions Croix du Salut

Imprint

Cover image: www.ingimage.com

Publisher:
Éditions Croix du Salut
is a trademark of
Dodo Books Indian Ocean Ltd., member of the OmniScriptum S.R.L Publishing group
str. A.Russo 15, of. 61, Chisinau-2068, Republic of Moldova Europe
Printed at: see last page
ISBN: 978-620-3-84267-8

RELECTURE DU RITE DE SORTIE D'ENFANT LE"*VIDETON*"CHEZ LES *FON* A LA LUMIERE DE L'EVANGILE

TRAVAIL DE RECHERCHE N°1

Discipline : Liturgie

Lomé, Juin 2014

INTRODUCTION

INTRODUCTION

Le rite de sortie d'enfant comme tous les autres rites initiatiques participent à l'insertion de l'individu dans une communauté. Il démontre que l'homme est un être de relation, tourné vers autrui et appelé à vivre en société. Et c'est en vue de cela que l'enfant et la mère sont introduits dans la vie de la famille à laquelle ils sont unis l'un par le lien du sang et l'autre par le lien du mariage et de l'enfantement. C'est pour renouerégalement les liens qui unissent la famille considérée comme une lignée (qui dépasse la famille visible et qui englobe les ancêtres morts) dans la culture *Fon*. Le rite de naissance chez les *Fon* commence la veille de la pleine lune et se termine le jour de la pleine lune. Elle rassemble toute la lignée et est une réjouissance.

En choisissant ce thème, nous nous sommes donné pour objectif de montrer non seulement l'importance et la richesse culturelle de ce rite mais aussi de faire ressortir les germes du « Logos » qui s'y retrouvent disséminés. En effet devant l'embarras des chrétiens *Fon* qui se demandaient si le rite de sortie d'enfant ne serait pas contraire ou non à leur foi chrétienne, où s'ils ne seraient pas traités de syncrétiste, il était judicieux de rechercher dans ce rite les éléments qui prouvent que la sortie d'enfant n'est pas contraire à leur foi mais nécessaire pour leur cheminement d'homme. Aussi voulons-nous montrer à travers ce travail, les limitesparrapport à la foi chrétienne qui se retrouvent dans le « rite de sortie d'enfant chez les Fon d'Abomey ». Pour ce faire, la première partie de notre investigation sera consacrée à la présentation historico-géographique et culturelle de la ville d'Abomey. Ensuite le deuxième chapitre parlera de l'origine du rite de naissance chez les Fon d'Abomey et sa présentation. Le troisième chapitre se penchera sur l'interprétation chrétienne du rite de naissance où nous montrerons son fondement dans la Bible, pour dissiper les doutes et rassurer les chrétiens tout en montrant les points où la lumière de l'évangile doit décaper.

CHAPITRE I

CHAPITRE I : Etude historique, géographique et religieuse de la ville d'Abomey et Fondement Phénoménologico-Anthropologique.

Dans cette partie nous allons d'abord présenter la ville d'Abomey qui est une ville en plein essor aujourd'hui mais qui a une organisation particulière héritée du royaume de *Danhomè* dont il faut comprendre l'architecture. Ensuite, l'importance de l'enfant et de la personne humaine dans la culture *Fon*.

I. Présentation du Milieu et l'organisation de la société

I.1 Etude Historico-géographique du Royaume de *Danhomè*

Le Royaume du *Danhomè* en langue *fon* est un ancien royaume africain situé dans le sud-ouest de l'actuel Bénin entre le XVIIe siècle et la fin du XIXe siècle. Le *Danhomè* se développe sur le plateau d'Abomey au début des années 1600 et devient une puissance régionale au XVIIIe siècle en conquérant des villes clées sur la côte Atlantique, en particulier le port de Ouidah. Pendant la majeure partie des XVIIIe et XIXe siècles, le royaume du *Danhomè* est un État régional important, qui met fin au bout du compte à son statut de tributaire du Royaume d'*Oyo* et devient un lieu majeur de la traite des esclaves atlantiques, fournissant peut-être jusqu'à 20% des esclaves en Europe et en Amérique.[1] En 1894, le royaume est intégré à l'Afrique-Occidentale française comme colonie. Le pays devient indépendant en 1960 en tant que République du Dahomey, avant de devenir République populaire du Bénin en 1975, puis République du Bénin en 1990.

[1]Dr. Répin «*Voyage au Dahomey » le tour du monde, 1863, vol 7, p 65-112.*

Quant à la géographie de la Commune d'Abomey, elle est située à environ 130km de Cotonou, Capitale Historique de la République du Bénin et chef-lieu du Département du Zou. Elle couvre une superficie de 142 km^2 avec une population de 600 000 habitants. Elle est limitée au nord par la commune de *Djidja*, au sud par celle d'*Agbangnizoun*, à l'est par celle de *Bohicon* et à l'ouest par le département du *Couffo*. Selon le découpage administratif, la Commune d'Abomey compte sept (7) arrondissements dont :

- trois (3) centraux à caractère urbain que sont *Djègbé*, *Hounli* et *Vidolé*
- et quatre (4) périphériques à caractère rural que sont *Agbokpa*, *Détohou*, *Sèhoun* et *Zounzonmè*.

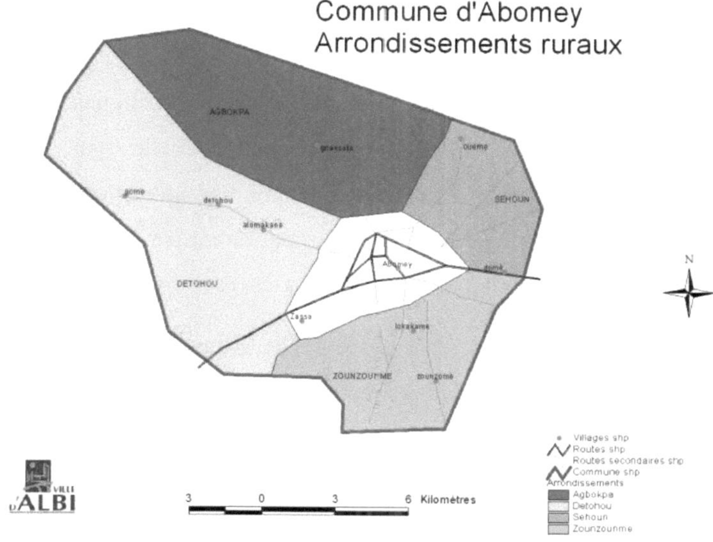

Carte 1: Carte de la superficie actuelle de la ville d'Abomey.[2]

[2]www.abomey.communedubenin.org, Carte de la ville d'Abomey

I.2 Etude religieuse de la ville d'Abomey

Le royaume d'Abomey était reconnu de par le monde pour le *vodun* qui est une religion traditionnelle animiste avec ses sacrifices humains. De nos jours, cette notoriété s'est répercutée sur la ville qui porte le même nom que le royaume et même sur tout le pays (Bénin) dont il est la ville historique. Les institutions religieuses du *vodun* à Abomey sont extrêmement complexes, variées et liées aux différents lignages (*hennu*).Les *voduns*, que l'on a souvent comparés aux divinités grecques, peuvent être classés en quatre groupes[3] :

- les divinités royales, où le *vodun* est un ancêtre mythique né de l'accouplement d'une princesse avec un animal ou un monstre (par exemple, la panthère *Agasu*, ancêtre mythique à l'origine de la création du royaume du *Danxomè*, ou encore les enfants monstres *TOXOSU* à l'origine des différentes dynasties royales qui se sont succédé au cours de l'histoire de ce royaume) ;

- les divinités lignagères, où le *vodun* est un ancêtre de lignage divinisé à la suite d'un exploit ou d'une conduite exceptionnelle (par exemple, le *vodunKpate* à Ouidah qui aurait été le premier autochtone à nouer des relations avec les Portugais, relations qui permirent par la suite à Ouidah de devenir le premier comptoir de la traite négrière) ;

- les divinités populaires, qui ne sont pas rattachées à des segments de lignage, regroupent les *voduns* importés lors des conquêtes, et ceux des anciens cultes locaux ;

- les divinités personnelles, où le *vodun* est attaché à la personne humaine à l'instar des lares domestiques dans la Rome antique (*Fa*, divinité mantique, les jumeaux *Hoho* et le messager trublion *Legba*).

Ces différentes divinités englobent la majorité de la population de la ville à un taux $67_o/^o$ environ. Mais la colonisation et surtout l'Evangélisation

[3] Cette typologie des cultes synthétise les classifications opérées par le HERISSE (1911) et MAUPOIL (1986) et s'organise autour des différentes strates de l'ancienne société dahoméenne.

des premiers missionnaires catholiques, protestants et l'incursion musulmane ont fait émerger un faible taux de croyants qui se répartissent comme suit : **Religion Catholique** : 23,1₀/° environ ; **Protestant** : 0,9₀/° environ ; **Musulmane** : 2,5₀/° environ ; **Autres** : 6,5₀/° environ.[4]

Et 5 000 adeptes environs pour la nouvelle secte du nom de l'église catholique rénové de *Banamè* dont les adeptes viennent des autres religions préexistantes.[5]

I.3. Organisation familiale chez les *Fon*

Paul Robert dans le "le nouveau Petit Robert de la langue française[6] définit la famille de manière restreinte comme *un ensemble formé par le père, la mère et les enfants*, et de manière large comme *ensemble de personnes qui ont des liens de parenté par le sang ou l'alliance.* Donc la famille est par vocation un lieu d'amour et de communion. Mais dans la conception africaine et surtout chez les *Fon*, la famille ne se réduit pas à l'ensemble parents-enfants. L'organisation familiale aboméenne, comporte des formations sociales situées à des échelons différents. Mise à part la maison (*xwé)*, c'est-à-dire la famille conjugale, on peut retenir de façon descendante le clan (*ako*), lelignage étendu (*hennu daxo*), et la lignée (*xwédo*). En considérant les deux extrêmes c'est-à-dire le clan (*ako*)etla lignée(*xwédo*), on peut dire que ces noms sont donnés en fonction d'un ancêtre éponyme.

Ainsi, la famille *Fon* est un groupe de personnes organisées en lignée (*xwédo*) qui est un ensemble patrilinéaire restreint rassemblant les descendants, en lignage agnatique, d'un ancêtre récent (trois à cinq

[4] www. gouv.bj (site officiel du gouvernement béninois)

[5] Revu « 24 heures au Bénin », *spiritualité et Initiation,* du 15 janvier 2014 sur le site web de recherche Google.

[6]PaulROBERT, *Le Nouveau Petit Robert de la langue Française*, Nouvelle Edition, Paris, 2009.

générations). Ceux-ci sont soumis à un chef de famille, en principe responsable des activités économiques, sociales (mariage, funérailles) et religieuse de ce groupe. Il correspond donc à une collectivité résidentielle : la plupart de ses membres habitent là où se trouve le temple des ancêtres familiaux ainsi que les principales puissances surnaturelles (*vodun*). De même quelqu'un qui va s'installer ailleurs reconnaîtra la dépendance de sa maison (*xwé*) vis-à-vis du *xwédo* d'origine, où il continuera à se rendre régulièrement pour des réunions familiales et des décisions importantes.[7]

II. Fondement Phénoménologico-Anthropologique du Rite de Sortie d'enfant dans la tradition *Fon*

II.1. Perception de l'enfant par la tradition

L'enfant dans l'univers traditionnel *Fon*, est perçu comme un don, une bénédiction divine et son identité est plurielle. Il ne naît pas du hasard mais est le retour d'un ancêtre ou d'un aïeul défunt, à la vie. C'est pourquoi, il est vite perçu comme un être sacré. Il symbolise non seulement la continuité de la vie, la perpétuation de l'espèce humaine, mais aussi la continuité du clan ou de la lignée. Il assure également selon la pensée traditionnelle populaire le lien entre le monde des invisibles (assimilé au monde des ancêtres et des divinités) et celui des vivants, qui n'est rien que le monde vivant autour de nous.

De même, l'enfant dans la représentation traditionnelle symbolise le pouvoir, le prestige et la richesse. En effet, l'enfant selon la représentation traditionnelle, assure une fonction sociale d'une grande importance aux yeux de la société traditionnelle. La conscience collective le considère comme la

---

[7]Michaël HOUSEMAN, Blandine LEGONOU, Christiane MASSY, et Xavier CREPIN, *Cahier d'Etudes Africaines*, vol 26, N°104, 1986, pp 527-546.

première de toutes les richesses au monde. En langue *Fon*, l'expression "*adi mè vi wè gni lé*" (l'enfant est le seul bénéfice valable de la vie) traduit bien cette perception et consacre sa dimension en termes de richesse. De part cette expression populaire, l'enfant est considéré ou hissé au rang de la plus haute et importante richesse dans la société traditionnelle *Fon*. Il constitue alors la raison d'être de la société et fait la fierté du couple, de la famille élargie ou de la communauté. L'enfant est dès lors perçu comme le socle, le pilier autour duquel se construit et s'organise la société. C'est ce qui amène le sociologue béninois TINGBE-AZALOU, à affirmer que l'enfant représente, « *l'espoir pour la vieillesse et une valeur fondamentale de prestige qui confère bonheur et argent dans la société béninoise* ».[8]

II.2.Valeur dela solidarité pour l'épanouissement de la communauté

Dans l'anthropologie africaine la vie communautaire prend plus de place au détriment de la vie individuelle. Ainsi la solidarité est la valeur suprême de la collectivité. *Cette solidarité passe par le partage des joies et des peines de chacun avec tous et le soutien de tous à chacun. Alors, l'individu s'efface pour le bien être de la communauté.*[9] La richesse d'un seul devient la richesse de tous. De plus, cette solidarité ne se limite pas au lien de sang, carelle va bien souvent par delà du cadre familial. En outre, les liens familiaux incluent même les personnes non valides (malade mental, vieillard, etc.)

[8] Albert AZALOU.T., « Rites et dation de nom de naissance chez les adja-fon du Bénin », cité par SODJIEDO R., in Mémoire DEA, Université Catholique de Lyon, 1996, p 13.

[9] cf Laurent KPOGO, *l'homme en quête de son identité, Manuel de théologie morale fondamentale,* éd Saint Augustin Afrique, Lomé 2012, p.136-138.

II.3. Le bien fondé du « *Vidéton* »

Ce rituel consiste à introduire le nouveau né et sa mère dans le "monde des vivants". La mère et l'enfant sont considérés comme ne faisant qu'uns durant les trois premiers mois suivant la naissance. Le nouveau-né est considéré comme un être venant d'ailleurs, venant du monde invisible. Quant à la mère, elle est considérée comme revenue du pays de la mort : accoucher se dit "*U yi ku bo wa gbè*" (aller au pays de la mort et en revenir). Pour que tout se passe bien, il faut donc réintroduire la mère dans le monde des vivants qu'elle a quitté le temps de l'accouchement, et introduire "l'intrus" (le nouveau-né) dans le nouveau monde dans lequel il est appelé à vivre désormais. C'est pourquoi l'ethnologue Pierre CLASTRES dira dans sa recherche à propos des indiens *Guayaki* que :

> *Toute naissance est vécue dramatiquement par le groupe en son entier, elle n'est pas la simple addition d'un individu supplémentaire à telle ou telle famille, mais une cause de déséquilibre entre le monde des hommes et l'univers des puissances invisibles, la subversion d'un ordre que le rituel doit s'attacher à rétablir.*[10]

[10]Pierre CLASTRES, *Ethnologie des indiens Guayaki*, *La vie sociale de la tribu*, *L'Homme,*éd Flammarion, Paris, 1967, vol. 7, n°4, p. 5-24.

<u>Conclusion Partielle :</u>

La ville d'Abomey depuis toujours est restée fortement influencée par l'organisation sociale et l'architecture du royaume dont elle porte le nom. Car le royaume de *Danxomè* fut l'un des royaumes les plus organisés de l'Afrique de l'ouest. De plus,parler de « VIDETON » chez les *Fon* c'est mobiliser tout le *xwédo* (la lignée). Aussi montre-t-elle la solidarité qu'engendre l'enfant et la richesse que constitue celui-ci dans la culture *Fon* d'Abomey. Cet enfant qui est un don des « ancêtres » pour perpétuer la lignée, doit être inséré dans la société.

CHAPITRE II

CHAPITRE II : Initiation Traditionnelle Fon du « VIDETON ».

Il s'agira ici de montrer la valeur et la signification profonde de l'initiation du nouveau-né. Les rites que nous présentons ici doivent être perçus comme des rites d'intégration de l'enfant dans la société, dans la communauté clanique ou tribale.

II. La célébration du rite du «*VIDETON*» : différentes étapes du rite

II.1. le rituel du Placenta

Après la naissance, il faut d'abord penser à la restitution du placenta ou "*nuzizan* "en *Fon* et du cordon ombilical à la terre. Le cordon ombilical est une masse charnue et spongieuse richement vascularisée, qui adhère à l'utérus par un grand nombre de prolongement et communique avec le fœtus. Le placenta quant à lui a servi à protéger l'enfant pendant neuf mois. Faisant l'objet d'une petite cérémonie, ils (placenta et cordon ombilical) sont enterrésprès de la case ou près de la maison, près du lieu où la maman a mis au monde son enfant pour signifier son encrage à la terre qui l'a fait naître. Ilssont restitués à la terre afin de la féconder davantage et donner plus de vie à ceux et celles qui l'habitent. Cette restitution doit se faire de façon à éviter que la mère ne devienne stérile pour cela c'est une personne qui a de l'expérience, qui les met en terre ; une femme ménopausée par exemple. Le placenta doit toujours être enterré avec l'attache du cordon ombilical vers le haut.

II.2. L'internement

Ensuite, une fois le placenta restitué à la terre, on commence la surveillance de la pleine lune pour la sortie de l'enfant. Avant la veille de la nouvelle lune, la mère et l'enfant sont enfermés. Commence ainsi une période de réclusion qui va durer jusqu'à la première apparition de la lune. Souvent, ce sont les vieilles personnes qui savent avec précision la sortie de la lune.

Pendant cette période, la mère est exemptée de tous travaux domestiques : interdiction de puiser de l'eau, de transporter des fagots de bois, d'aller au marigot, au marché, au champ, etc. D'autres femmes de la maison font tout cela à sa place. Dans la journée, elle peut déambuler dans la concession, mais elle doit regagner sa chambre avant la tombée de la nuit. Car, le bébé ne doit pas voir la lune, et la lune ne doit pas le voir non plus. Pareil pour la mère, car si elle voit la lune, on considère que c'est l'enfant qui l'a vue.

II.3. Les préparatifs

La veille de la cérémonie, le père de l'enfant met à la disposition de la famille le nécessaire :un canari en terre cuite avec couvercle ; une flute traditionnelle en bois ; des semences de maïs et d'haricot ; du bois de chauffage ; une Calebasse ; une hache ; une bassine et une puisette ; *Vi* (cola) ; *Ahowè ou ewo* en *éwé* ; une liqueur (gin royal), *sodabi* (liqueur traditionnelle faite à base du vin de palmier)des sucreries ; des feuilles de d*éssrégèment* (herbe); des rameaux de palmier.

II.4. Le rituel proprement dit

Les cérémonies de sortie d'enfant se font au premier jour de la nouvelle lune après la naissance de l'enfant. Elles peuvent être divisées en trois parties :

- **Les cérémonies du premier soir de la pleine lune :**

La divinité des ancêtres de la famille du nom de*Tohuiyo*symbolisée par un petit bois du nom *d'Atissoun*est mise dans le canari avec des feuilles de *Dessrégèment* triturées auxquelles on y ajoute de l'eau. Cette divinité est mise dans la chambre où l'enfant et la mère doivent passer la nuit. Ensuite on attache un rameau devant la chambre où séjourneront les trois, pour montrer la présence d'un être suprême, ou d'un lieu sacré et interdit à toute personne autre que la mère et l'enfant. Néanmoins avant de commencer les rituels, on doit s'assurer que l'enfant dort, ou bien la mère doit veiller au petit soin du bébé pour éviter qu'il ne pleure au cours du rite ;il ne doit non plus parler, toujours pour respecter la présence de la divinité sinon c'est un signe de rejet de la divinité. Si toutes ses conditions sont remplies, on débute la cérémonie par le sifflement de la flute :

- Neuf fois pour le garçon
- Sept fois pour la fille.

Après on frappe à la porte de la case ou de la chambre (trois fois) et ce n'est qu'après la troisième fois que la maman répond. Ensuite l'enfant et la mère peuvent dormir jusqu'au petit matin.

- **Les cérémonies du lendemain matin :**

Le lendemain, au petit matin, on appelle le nom de l'enfant et la maman répond encore, et après la troisième fois elle ouvre la porte. C'est alors que la tante et le grand père paternel de l'enfant ou leur représentant entrent dans la chambre pour asperger le bébé et la mère avec l'eau qui est sur la divinité et lui en faire boire une petite quantité, pour signifier que la divinité est désormais en possession de l'esprit de l'enfant et l'habitera. L'aspersion se fait aussi dans toute la chambre où l'enfant, la mère et la divinité ont passé la nuit.

Pour sortir enfin de la chambre, la maman doit faire sortir son pied droit et le faire entrer :

- Sept fois pour la fille
- Neuf fois pour le garçon,

Après la septième ou la neuvième fois, elle sort directement de la chambre sans s'arrêter. Ensuite elle met une bassine sur la tête comportant les semences d'haricot et de maïs et les outils (houe et coupe-coupe) pour le champ et se dirige vers une petite parcelle préparée à l'avance en guise de champ à cultiver. Arrivée dans le champ, elle fait des sillons en guise de labour et sème les semences. Au retour du champ, elle doit inviter tous les passants qu'elle rencontrera, à prendre de la noix de cola et l'une des boissons afin de formuler des bénédictions à l'endroit de l'enfant.

De retour à la maison, elle prend la puisette et puise de l'eau du puits dans sa bassine. Elle prend ensuite une hache pour fendre le bois, mais elle ne doit pas la rater.

La mère mèneses activités au nom de l'enfant, c'est pourquoi elle porte l'enfant au dos au moment du déroulement de ses activités. Elles sont des travaux quotidiens que l'enfant réalisera une fois adulte, pour subvenir au besoin de sa famille : l'entretien de la maison pour la femme et le champ pour l'homme.

- **Le repas communautaire :**

Enfin le soir venu, la mère de l'enfant rassemble l'argent quêté par l'enfant pour faire le marché et préparer le repas avec le bois coupé et l'eau puisée dans la journée. Ce repas rassemblera toute la famille autourd'une grande fête car c'est l'enfant venu d'ailleurs ou envoyé par les ancêtres qui leurs offre ce festin et désormais, est membre à part entière de la famille.

II.5. L'imposition de nom

Le *Fon* croit que le prénom réel (prénom indigène) d'une personne a une puissance magique et il est fortement convaincu de l'influence du prénom qui est attaché inséparablement à l'individu. Ainsi prend-on la précaution de cacher son prénom réel qui n'est employé que pour des sacrifices imposés par le *fâ* et les fétiches. C'est pourquoi, c'est le jour du « VIDETON » que les parents dévoilent le nom de l'enfant.De plus le prénom indigène parle et possède une histoire. Elle est source de motivation ou de découragementpour certaines personnes dans les vicissitudes de la vie.

> *Le nom que l'on porte peut également être inféré de l'acceptation d'une disgrâce de la nature sans pour autant friser une béate résignation ; il peut exprimer la clairvoyance philosophique qui recommande aux hommes de ne pas chercher à atteindre ou à garder des biens qu'ils risquent de ne pas obtenir ou de perdre et, de ne pas chercher à éviter des maux qui sont souvent inévitables* [11]

C'est pour cela que chez les *Fon*, plusieurs prénoms sont donnés à l'enfant, selon son jour de naissance, son rang, son état physique, les incidents

---

[11]Paulin HOUNSOUNON-TOLIN, *Nom de personne comme de vie et moyen d'éduction chez les fon du Benin,* Revue Ivoirienne de philosophie et de culture, « Le KORE », n° 40-2008, éd Universitaires de Côte d'Ivoire (UDUCI), 2008.

ou circonstances qui rappellent sa naissance, le nom du fétiche ou son ancêtre protecteur le « *djoto* », ou toujours selon la religion de ses parents :

- **Selon les circonstances ou le « *djoto* » de la naissance de l'enfant :**

Edjrossè : «cela a pluà l'âme», il traduit le désir de la conception d'un enfant par les parents.

Sonangon : « l'avenir sera meilleur », traduit l'espérance dans la vie de tous les jours.

Akouwègnon : « l'argent est bon », traduit l'importance de l'argent dans la vie.

Fifamè : « dans la paix », l'enfant est né pendant une période de paix.

- **Selon le jour de naissance les prénoms ci-après :**

<u>Tableau</u> 1 : tableau récapitulatif des prénoms selon le jour de naissance

	Garçon	**Fille**
Lundi	*Kojô*	*Ajoivi*
Mardi	*Komlan*	*Ablawa*
Mercredi	*Kokou*	*Akoua*
Jeudi	*Koouvi*	*Ayaba*
Vendredi	*Koffi*	*Afiavi*
Samedi	*Komlan*	*Baï*
Dimanche	*Koissi*	*Akossi*

- **Selon le rang qu'occupe l'enfant dans la famille :**

<u>Tableau</u> 2 : tableau récapitulatif des prénoms selon le rang de naissance

	Garçon	**Fille**
Premier rang	*Sènakpon*	*Kpèdéti*
Deuxième rang	*Mahugnon*	*Binagnon*
Troisième rang	*Sèdjro*	*Ahoeufa*
Quatrième rang	*Missigbeto*	*Ablawa*
Cinquième rang	*Sègnon*	*Binagnon*
Sixième rang	*Dossou* (le benjamin)	*Dossi* (la benjamine)

II.6. les intervenants et leurs rôles

- **La mère**

La mère porte l'enfant tout au long du rituel et l'empêche de pleurer lors des cérémonies de la veille. Et elle est parée de ses plus beaux habits. Le soir c'est elle qui doit préparer le repas et offrir à la famille au nom de l'enfant.

- **Le père**

Le père prévoit le nécessaire pour la cérémonie et aide la femme dans certains cas. C'est lui qui annonce le nom de l'enfant à la communauté. Mais lui même a un rôle plus effacé dans le rituel.

- **Leprésident ou l'officient**

Soit c'est le grand-père ou le *tangninon* (prêtresse). Il ou elle a pour rôle de présider le rituel. Le plus souvent il connait tout le rituel par cœur et le fait appliquer à la mère et à l'enfant.

- **Les autres membres de la famille**

Pour le *VIDETON*, toute la maisonnée est rassemblée même parfois on envoie des délégations des familles alliées car c'est une grande fête et toute la lignée doit être là pour accueillir le nouveau-né. Et pendant la cérémonie ils manifestent leur présence en formulant des vœux à l'endroit de l'enfant.

II.7. Signification profonde des éléments utilisés

- **L'eau**

Dans de nombreux rites, l'eau a pour rôle la régénération d'une nouvelle vie (Dieu renouvelle l'homme par le baptême). Elle lave et purifie l'homme et les choses. Mais ici l'eau a pour rôle d'abord de présenter l'enfant aux mânes ancêtres de la famille. C'est pourquoi le *tohuiyo* qui est la divinité des ancêtres y est déposé. Après elle purifie l'enfant des mauvais esprits.

- **La flute traditionnelle**

Elle sert à faire le *sunkunkun* (crier à la lune) qui est un rite d'offrande du nouveau-né à l'astre des nuits.

- **Des feuilles de *Désséguèment***

C'est une herbe de grande vertu, elle est souvent utilisée pour délivrer les personnes envoûtées. Elle libère l'enfant des mauvais esprits.

- ***Ahowé*, *Vi* (cola):**

Ce sont deux fruits du milieu *yoruba*adoptés par les *Fon*servant d'abord d'excitant et ensuite permettant de consulter les ancêtres pour savoir quelle est leur volonté (ou quelles sont leurs volontés).

- **La liqueur (gin royal)**

Elle est d'abord une boisson ;mais ensuite, elle sert à la libation.

Conclusion partielle :

La finalité et la compréhension du rite traditionnel de naissance consiste à accueillir et à intégrer un nouveau membre dans une communauté afin de le protéger et de lui donner le nécessaire pour son épanouissement. Elle est *culturation et socialisation d'une part, intégration au cosmos et au village d'autre part n'ont qu'un seul but : situer l'enfant, le préserver, l'aider à réaliser son destin au sein d'un groupe en ordre c'est-à-dire en harmonie.*[12]

[12]L. V. Thomas et R. Luneau, *la terre africaine et ses religions,* éd. L'Harmattan, paris 1980, 152-154 Cité par *Antoine* A. Johnson in « *Du rite traditionnel de « VIDETO » chez les éwé de Tsévié au baptême des petits enfants, essai pour un rituel pedobaptismal inculture,* Mémoire de fin cycle de Théologie, Lomé, Juin 2003.

CHAPITRE III

CHAPITRE III : Interprétation chrétienne du rite de naissance

Il s'agira d'abord de mettre en évidencedans cette partie les limites de ce rite faceàla lumière de l'Evangile, pour ne pas tomber dans le syncrétisme. Ensuite rechercher à ce rite dans la Bible des fondementsafind'enfaire ressortir les germes du *Logos*et montrer en quoi il serait une richesse pour l'Eglise.

III.1. Les limites du rite face à l'Evangile

La période choisie pour le rite, la veille de la pleine, s'apparente à de la géomancie ou à l'astrologie, alors que le Christ en se manifestant aux rois Mages par les étoiles[13] devient maitres des astres et maitre du temps, ainsi il faudrait abroger cette spécificité du calendrier et le faire à tout moment. Aussi faudrait-il éviter de présenter l'enfant à la lune (*sunkunkun*)qui est aussi une créature de Dieu ; mais plutôt le présenter à Dieu, donateur de toute viecomme le font les Juifs, (Jésus fut présenté à son Père, l'unique Dieu créateur de toute chose)[14], ou à la divinité *Mawu Sègbolissa* qui représente Le Dieu Père dans l'Eglise catholique.De même le rôle attribuéau*tohuiyo* (divinité des ancêtres bons) et au*désséguèment*, doit être dépassécar seul Dieu donne la vie, guérit et libère l'homme des esprits mauvais.[15]En plus le *djoto* ou *joto* qui donne son nom à l'enfant ne peut jamais être mis au rend des Saints car à travers les Saints, c'est la personne du Christ qui est célébrée.[16] Et ce n'est pas le cas des ancêtres *Fon*.

---

[13] Mt 2, 1 - 2

[14] Lc 2, 22-24

[15] Lc 9,37- 42 ;Mt 17, 14-18

[16]*Car tu es glorifié dans l'assemblée des Saints : lorsque tu couronnes leurs mérites, tu couronnes tes propres dons* (Préface Saints I)

III.2.Les Fondements du rite de naissance dans la Bible.

À travers les Ecritures saintes nous voyons que le Christ s'est soumis à toutes les prescriptions de la loi juive.[17] C'est ainsi qu'Il a suivi les coutumes juives qui ont, faut-il le rappeler, un caractère socioreligieux et des traits initiatiques. Il a été circoncis au huitième jour au moment de l'imposition du nom, (Lc 2, 21) il a été présenté au temple selon la loi de Moïse (Lc 2, 22-24) ; à l'âge de 12 ans il monte à Jérusalem comme d'habitude avec ses parents pour accomplir la coutume de la fête de pâques (Lc 2, 41-42) (Cf. Dt 16, 16-17) ; au début de sa vie publique il se soumet au baptême de Jean le baptiste pour accomplir toute justice ; durant sa vie publique il monte plusieurs fois à Jérusalem pour les fêtes juives ; à sa mort, il est enseveli suivant la coutume juive.

Par ricochet, il apparait que nos rites coutumiers et donc le « *VIDETON* » ne doivent pas être bannis. Nonobstant ils ont besoin d'être passés par le creuset du message évangélique.

III.3. Sens théologique du Rite de naissance

L'interprétation du rite se basera sur certains faits et actes qui ressemblent à ce qui se fait dans l'Eglise catholique lors du Baptême car il n'y a pas de rite de présentation d'enfant comme dans la culture juive.

La présentation de l'enfant à la lune ressemble un peu au rituel de l'accueil de l'enfant au seuil de l'Eglise par le prêtre car il faut qu'il soit présenté d'abord avant d'être accepté dans l'Eglise. Ensuite l'eau versée sur l'enfant contenant le*tohuiyo*qui est la divinité des ancêtres bons afin de le

[17]Pape François, *Le Christ, le Fils éternel de Dieu, qui est l'égal du Père en puissance et en gloire, s'est fait pauvre ; il est descendu parmi nous, il s'est fait proche de chacun de nous, il s'est dépouillé, « vidé », pour nous devenir semblable en tout.* (Cf. Ph2, 7 ; He 4, 15).
Pape François, *Il s'est fait pauvre pour nous enrichir par sa pauvreté, Message de sa sainteté François pour le temps de carême 2014, éd Libreria-Vaticana, Vatican, le 26 décembre 2013.*

présenter aux ancêtres pour qu'ils l'acceptent, s'apparente à l'invocation des saints (Litanie des Saints) dans la liturgie du baptême. Le rôle des parents est très important dans le « *VIDETON*», ils ont pour rôle d'éduquer l'enfantdurantsa vieterrestre. Même si le père a un rôle d'observateur, il est au côté de sa femme pendant le rituel, et tandis que la mère est unis à l'enfant et fait tout le rituel à sa place. Car ils auront pour rôle de montrer à l'enfant le chemin de la vie parfaite et c'est le même rôle que les parents en plus des parrains et marraines ont dans l'Eglise catholique. Le «*VIDETON*»comme évènement de socialisation permet de ressouder les liens familiaux et ressemble à l'Eglise famille de Dieu. Enfin le nom donné à l'enfant a toute une signification dans la culture *Fon*, il correspond à ce que le Vocabulaire de la Théologie Biblique dit, *chaque être porte le nom qui convient au rôle qui lui est assigné.*[18]Et dans la Bible c'est courant de voir lors des naissances miraculeuses d'enfants promis par Dieu à une femme stérile et vieille (comme Elisabeth la cousine de Marie, Anne la mère de Samuel et l'autre Anne la mère de la Vierge Marie, la femme de Manoah ; mère de Samson)[19] à qui Dieu révèle le nom de la progéniture à cause de sa mission. Donc le nom détermine le dessein de la personne.

> *Jésus, lui-même, le Fils de Dieu, changea le nom du premier de ses disciples à qui il voulait confier la conduite de son Eglise. C'est ainsi qu'à Simon, fils de Jonas, il donna le nom de «Cépha »*[20]*, ce qui signifie « pierre ». Jésus signifia par là que Simon sera une pierre sur laquelle il bâtira son Eglise. A partir de ce nouveau baptême, Jésus voulut faire signifier à Simon que son programme de vie devrait changer avec toute sa philosophie et ses convictions religieuses. Les noms chrétiens que prennent les nouveaux baptisés s'inscrivent dans la même dynamique :*

[18] Vocabulaire Théologique Biblique, Troisième édition, Cerf, Paris 1971, p 827-831.

[19] Le livre des Juges 13, 1- 15 ; Samuel 1, 19-28 etc.

[20]«Képhah », « Céphas », Voir le *Dictionnaire grec-frençais du Nouveau testament*, 4e éd., de Maurice Carrez et de François Morel, Paris, Labor et Fides / Société Biblique Française, 1995, p. 140, col. B, cité par Paulin HOUNSOUNON-TOLIN, *Nom de personne comme de vie et moyen d'éduction chez les fon du Benin,* in Revue Ivoirienne de philosophie et de culture, « Le KORE », n° 40-2008, éd Universitaires de Côte d'Ivoire (UDUCI), 2008.

ils visent à trouver aux nouveaux convertis des modèles de chrétiens à imiter. Les nouveaux baptisés prennent des noms des chrétiens ayant éprouvé leur foi jusqu'au martyr, au sacrifice du sang en prenant leur croix à la suite de Jésus-Christ. Il nous semble possible de comparer le processus de désignation d'un « joto » à un nouveau-né chez les Fon du Bénin au baptême chrétien qui consiste à donner un modèle de chrétien saint à imiter. Un « joto » est une personne déjà défunte mais dont on a jugé le passage parmi les hommes utiles à la conservation de la cité…[21]

III.4. le «*VIDETON*» comme richesse pour l'Eglise.

La famille africaine porte dans son essence des germes de chrétienté que parfois les africains eux-mêmes ignorent. En "inculturant" le «*VIDETON*» tout en le purifiant des faits et gestes qui vont contre la morale chrétienne, l'Eglisepermet à ses fidèles de la culture *Fon* de vivre et de comprendre un évènement de leur culture à la lumière de l'Evangile. Et cela peut être aussi source de conversion chez les *Fon*car beaucoup d'entre eux ne veulent pas abandonner leur racine pour une religion souvent considérer comme venue d'ailleurs. C'est pourquoi il urge de proposer un rite prenant en compte la sortie d'enfant qui serait avant le baptême mais qui n'est pas le baptême dont on prendra le soin de l'indiquer aux parents. Car Dieu dans son dessein de faire participer l'homme à sa vie divine n'a pas voulu sauver les hommes individuellement mais a voulu qu'il forme une famille (Eglise).[22]

---

[21] Paulin HOUNSOUNON-TOLIN, *Nom de personne comme de vie et moyen d'éduction chez les fon du Benin,* in Revue Ivoirienne de philosophie et de culture, « Le KORE », n° 40-2008, éd Universitaires de Côte d'Ivoire (UDUCI), 2008.

[22] Lumen Gentium 28

Conclusion Partielle :

Nous voyons ici qu'aucune culture n'est mauvaise en soi, car il contient une fraction du *Logos Séminal* ou *Logos spermatikos* selon Saint Justin, c'est pourquoi il reconnait la supériorité de la doctrine chrétienne par rapport aux doctrines humaines parce qu'elle est fondée sur le *Logos* qui l'éclaire etl'oriente.[23] C'est pourquoi l'Evangile doit être introduit dans nos cultures spécialement dans le «*VIDETON*» pour les purifier.

[23] Saint Justin, Apologie, I, 21-60 in du Cours de *Patrologie* du Père Patrick G., Grand Séminaire interdiocésain Saint Jean Paul II de Lomé 2014.

CONCLUSION

CONCLUSION

Au terme de ce parcours,nous dirons que le «*VIDETON*» est une socialisation de l'individu chez les *Fon*. Il est également vécu comme un fait culturel et religieux.[24] Aussi constitue-t-il un matériel d'étude et de richesse pour l'Eglise. Car tout ce que l'on trouve de bon et de vrai dans ce rite vient de Dieu.

De plus, le «*VIDETON*» permet à l'enfant de s'insérer dans une famille, de s'épanouir à côté des siens, de ne pas être rejeté par eux à cause de la marque indélébile qu'il porte désormais en lui. Et il permet à la mère de revenirauseinde sa belle famille après un accouchement heureux mais qui peut-être l'aurait coupé des siens,afin de recevoir les honneurs de celle-ci.

C'est également un moyen pour le *xwédo* (lignée) de se réunir pour montrer sa solidarité à la manière d'une famille Africaine. Le «*VIDETON*» montre la place et le rôle de chacun dans une famille*Fon* ; et surtout la place qu'occupent les ancêtres dans la famille *Fon. Ils sont ceux qui nous ont mis au monde, ceux qui ont vécu dans une exemplarité pour la société ; ils ont créé et favorisé la communion autour d'eux, ils ont engendré et fait croître la vie, ils sont prescrits à la vie terrestre ; nous sommes reliés à eux par le sang qui coule dans nos veines.*[25]

Mais aussi riche que soit le «*VIDETON*», il a besoin d'être évangélisée, purifié des pratiques qui aliènent l'homme. Et c'est justement cette problématique qui nous a motivé dans le présent travail. Alors il ne serait pas bon de s'indigner de sa culture, car aucun homme ne doit avoir honte de sa culture à cause de l'Evangile du Christ car Lui-même s'est inséré dans une culture pour rehausser l'humanité.

[24] G. K. Kouégan, Initiation des enfants : l' « ordo baptismi parvulorum » et le « videto », p.115.

[25]F. Kabasele *du canon romain au rite zaïrois* in bulletin de théologie africaine, vol. 4, n°8 société mission St Paul 1982, p. 224

BIBLIOGRAPHIE

BIBLIOGRAPHIE

Documents de l'Eglise :

1. CATECHISME DE L'EGLISE CATHOLIQUE, Edition CENTURION/Cerf/ FLEURUS-MAME/CECC, Paris 1998.
2. CONCILE ŒCUMENIQUE VATICAN II, *Gaudium et Spes, Constitution pastorale sur l'Eglise dans le monde de ce temps,*édition du Centurion, Lyon, 1966.
3. CONCILE ŒCUMENIQUE VATICAN II,*Lumen Gentium, Constitution pastorale sur l'Eglise dans le monde de ce temps,* édition du Centurion, Lyon, 1966.
4. LEON-DUFOUR Xavier, DUPLACY Pierre et GUILLET Jacques *VocabulairedeThéologiqueBiblique*,quatrième Edition, Cerf, Paris 1971.

Dictionnaires et Ouvrages:

1. CLASTRES Pierre, *Ethnologie des indiens Guayaki*, *La vie sociale de la tribu,L'Homme*, Edition PUF, Paris, 1967, vol 7.
2. HOUSEMAN Michael, LEGONOU Blandine, MASSY Christiane et CREPIN Xavier, *Cahier d'Etudes Africaines,* 1986, Volume 26, N°104, pp 527-546.
3. *KPOGO* Laurent, *L'homme en quête de son identité, manuel de théologie morale fondamentale,* Edition Saint Augustin-Afrique, Lomé, 2012, p 385.
4. KPOGOLaurent,*Jésus Christ et la justice éwé piste pour une théologie morale d'inculturation,* Rome, 1994.
5. Dr. REPIN, *« voyage au Dahomey », le tour du monde,*Edition FlammarionParis1863, vol 7.

6. ROBERT Paul, *Le Nouveau Petit Robert de la langue française*, Nouvelle édition ROBERT, Paris, 2009.

Revues et Discours:

1. Pape François, il s'est fait pauvre pour nous enrichir par sa pauvreté, Message de sa sainteté François pour le temps de carême 2014, éd Libreria-Vaticana, Vatican, le 26 décembre 2013
2. Dr. HOUNSOUNON-TOLIN Paulin, *Nom de personne comme programme de vie et moyen d'éducation chez les Fon du Bénin,* Revue Ivoirienne de Philosophie et de Culture, « LE KORE », N° 40-2008, Editions Universitaires de Côte d'Ivoire (UDUCI), 2008.
3. KABASELE F., *Du canon romain au rite zaïrois* in bulletin de théologie africaine, vol. 4, n°8 société, mission, Mame St Paul 1982, p. 224.
4. Pape Paul VI, *Discours au Parlement de Kampala,* EditionLbreria-Vaticana,Kampala Vendredi 1er Août 1969.

Mémoires de fin de cycle de Théologie:

1. JONHSON A. Antoine, *Du Rite Traditionnel de «VIDETO» chez les éwé de Tsévié au Baptême des Petits Enfants, Essai pour un rituel Pedobaptismal Inculturé,* Grand Séminaire Interdiocésain Jean Paul II de Lomé,Lomé, Juin 2003.

2. KOUEGAN G. K. ; Initiation des enfants : l' « ordo baptismi parvulorum » et le « videto », *le problème d'inculturation chez éwé-mina du sud TOGO,*licence en Théologie avec spécialisation en liturgie, Padoue 1996-1997.

3. TOSSOU Maurille, *lesRitesd'Initiation de Naissance Fon et Baptême des Petits Enfants, Essai d'une stratégie Pastorale du Baptême Chrétien au Pays des initiations Traditionnelles,* Grand Séminaire Interdiocésain Jean Paul II de Lomé,Lomé, Juin 2003.

TABLE DES MATIERES

Notes :

Notes :

Printed by Books on Demand GmbH, Norderstedt / Germany